LA NOUVELLE ÉGLISE

D'AFRIQUE

OU RÉPONSE

A un article du CORRESPONDANT

PAR

L'ABBÉ F. DESCOSSE

Chanoine honoraire d'Alger et Docteur en Théologie,
Ancien Professeur de Philosophie, de Mathématiques et de Physique.

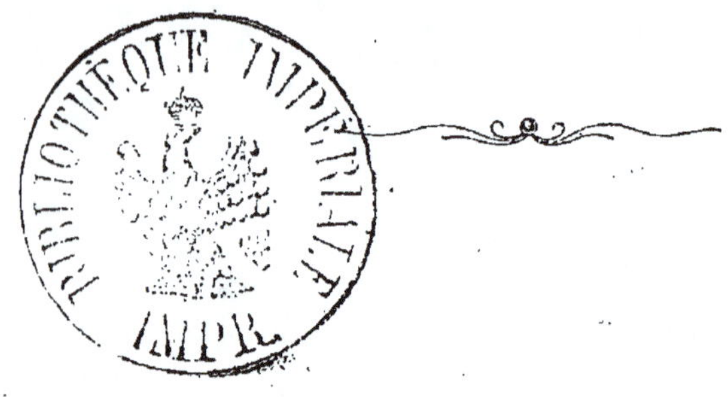

MARSEILLE.

IMPRIMERIE ET LITHOGRAPHIE P. CHAUFFARD

RUE DES FEUILLANTS, 20.

—

1861.

LA NOUVELLE ÉGLISE D'AFRIQUE.

I

Sous le titre : *La nouvelle Église d'Afrique*, le *Correspondant* du 25 septembre dernier donnait un long article, où M. l'abbé Marty, chanoine honoraire, et aumônier du lycée d'Alger, a voulu essayer de faire connaître la résurrection et les progrès de la religion chrétienne en Algérie. Lié par le cœur et par le souvenir à cette Église heureuse de son passé, justement fière de sa prospérité actuelle, et féconde en ses espérances, nous avons saisi et lu avec empressement ces pages dont le titre nous promettait tant. Les premières lignes, sauf un peu trop de confiance, ont d'abord répondu à notre attente; et nous étions heureux de voir un confrère, dont les habitudes laborieuses nous sont connues, essayer une histoire aussi peu connue qu'elle nous paraît difficile à être racontée par les contemporains.

Mais si le préambule nécessaire au travail de M. Marty nous a paru éminemment digne du sujet, pourquoi la suite ne correspond-elle pas à un si beau début? Nous le disions tout à l'heure, l'histoire de la nouvelle Église d'Afrique est trop difficile à être racontée par les contemporains. Quand il faut louer ou blâmer, ou bien quand il faut parler des morts devant les amis qu'ils ont laissés, et qu'on a à raconter des évènements de fraîche date, c'est pour un historien une bien rude tâche. M. l'abbé Marty a osé l'entreprendre à l'occasion de la nouvelle Église d'Afrique. Nous en louons sincèrement son courage, mais les œuvres et les choses étant au-dessus des hommes, nous osons, à notre tour, exposer notre pensée sur son travail.

Nous l'avons dit d'abord avec quelque peine, M. Marty entre avec trop de confiance dans son sujet. C'est là un tort bien grave, lorsque l'on écrit sur une tombe à peine fermée et devant une génération palpitante d'un passé tout récent. Quand Bossuet prononçait ses oraisons funèbres, il partageait délicatement l'éloge et le blâme. Les cendres de ses illustres défunts n'avaient rien à envier aux mortels vivant encore, et ceux-ci rendaient justice à la justice de l'orateur. Malheureusement pour M. Marty, son oraison funèbre ne porte point ce haut caractère de vérité et d'impartialité, car en définitive on dirait qu'il n'a visé qu'à écrire l'oraison funèbre de Monseigneur Dupuch. Encore l'a-t-il écrite de manière à humilier profondément, s'il était possible de l'humilier, cette grande figure de l'Église d'Afrique, ce premier successeur de St-Augustin et de plusieurs centaines d'Evêques, cet anneau d'or et de diamant qui rattache un grand passé à un glorieux avenir.

Nous reviendrons sur cette question, pressé que nous sommes d'envisager l'œuvre de M. Marty sous un point de vue général.

Quand on se hasarde à écrire l'histoire, on doit le faire avec ce coup d'œil élevé qui embrasse sûrement les principaux éléments qui servent à former le tissu lent dont elle se compose, à la condition de n'en faire que le récit de quelques détails isolés ou l'œuvre d'un esprit prévenu. Mais c'est surtout, quand on écrit l'histoire de l'Église, ou même d'une Église particulière, que ce coup d'œil est nécessaire. Ici, en effet, l'historien a besoin de se placer au plus haut sommet des desseins de la providence, puisque l'histoire de l'Église est l'histoire par excellence, où les éléments humains et terrestres sont les moyens ordinaires et visibles de Dieu. Or ce point de vue saisissant, M. Marty ne l'a point aperçu, ou, s'il a cru l'embrasser un instant, il s'en est complètement séparé dès qu'il a voulu entrer, comme de plain pied, dans l'histoire moderne de l'Église d'Afrique. Il est si facile de prendre une porte de côté pour la grande porte de l'histoire. Et pourtant M. Marty avait, non loin de lui et presque sous ses yeux, de beaux modèles ; et il pouvait facilement rencontrer d'utiles conseils.

Quant aux éléments principaux de cette histoire, tout humains que puissent paraître les deux premiers, l'auteur de l'article du *Correspondant* ne les a point distingués. Il n'a pu sans doute faire un pas sans les heurter, mais il est fâcheux qu'il ne les ait pas pris comme point d'appui de ses appréciations. Son travail aurait eu de l'ordre, et surtout une véritable valeur intrinsèque, tandis qu'il décourage le lecteur qui sait, et qu'il n'apprend rien à celui qui ignore. Mais quels sont ces éléments ? Nous les croyons au nombre de trois : le concours de la France, le dévouement de l'armée, le zèle du clergé. Ces trois éléments, l'article les néglige, ou les présente dans un tel état de contradiction, qu'on serait presque tenté de croire, à s'en tenir à son appréciation, qu'ils ont été nuisibles ou hostiles au développement du progrès religieux dans l'Afrique française.

Et pourtant, aucun de ces différens éléments n'a fait défaut au développement et à l'action de la religion dans notre colonie africaine. Eminemment intelligents dans leur principe et actifs dans l'application des moyens, ils se sont, au contraire, constamment prêté main-forte pour arriver aux plus heureux résultats désirables et possibles.

II

Il serait bien à désirer, sans doute, que toutes les nations civilisées s'entendissent pour propager les bons principes et les saines doctrines parmi les nations barbares. Nous n'oserions cependant, malgré ce désir bien légitime, pousser aux dernières conséquences l'opinion que semble suggérer *l'Africa christiana* de Monelli cité par M. Marty, et qui aurait voulu voir en 1816, toute l'Europe se précipiter, pour la conquérir, sur l'Afrique Romaine.

La guerre n'est pas l'état normal des peuples, et la vraie civilisation n'aspire pas à la conquête du monde par les armes et par le sang. Que l'antiquité se soit permis ce moyen de conquête, que le peuple romain l'ait cru nécessaire à son ambition, on le comprend. Mais depuis l'établissement et la connaissance du Christianisme, tout peuple civilisé doit combattre l'erreur ou la barbarie par le dévouement de l'apostolat, par l'influence de son nom et de sa propre civilisation.

La guerre faite dans ce but n'est légitime et juste qu'en certaines circonstances excessivement rares, et difficiles souvent à apprécier, comme serait une injure grave à réprimer, une attaque à repousser et autre cause semblable. C'est pourquoi le souvenir de Charles-Martel, repoussant les ennemis de son pays et de sa religion, sera toujours une des plus grandes gloires de la France, comme l'influence des armes et du nom Français opposée aux massacres de la Syrie sera toujours un des plus beaux fleurons de notre couronne Impériale. La France sait à propos tirer l'épée ou employer utilement son influence, sans le secours des armes, comme elle sait conserver toute son action morale, même quand l'action matérielle est impossible, sur les pays qu'elle a matériellement ou moralement conquis à la civilisation.

Sous ce rapport, il serait injuste de méconnaître, comme le fait l'article du *Correspondant*, l'action de la France, en Algérie, dans les premières années de la conquête. Ce serait méconnaître, en même temps, cet esprit de nationalité et de foi chrétienne qui est le caractère distinctif de notre pays, dont le génie et la vertu ne peuvent être submergés par le flot des passions populaires, ni obscurcis par les craintes et les hésitations des jours difficiles.

Si l'auteur de l'article s'est laissé prendre, en ceci, aux premières lueurs d'un jugement trop prompt, c'est qu'il a confondu ce qui ne pouvait pas même s'allier, c'est qu'il a pris la France pour le gouvernement de 1830, gouvernement de surprise, sans titres ni antécédents, et auquel les années elles mêmes se sont refusées à donner la sanction du temps, puisque 48 le fit oublier tout d'un coup au moment où il se croyait le plus enraciné dans le sol de la France et dans le cœur de l'opinion.

En effet, tantôt c'est le gouvernement de Louis-Philippe qu'il accuse du délaissement de l'Algérie, tantôt c'est la France elle-même. « La France, dit-il, en parlant des premières années de la conquête, la France fit trop peu pour le Christianisme durant ces huit premières années ; personne, croyons-nous, ne peut le nier à quelque point de vue qu'on se place. » Et quelques lignes plus bas : « la négligence des intérêts religieux est devenue quelquefois systématique. »

L'article en nommant ici la France, l'a trop nommée, puisqu'il la rend responsable de l'abandon de ses propres intérêts religieux ; et en même temps il ne l'a point nommée assez, car s'il s'était pénétré de la puissance de son nom et de la nature de ses aspirations, il aurait vu dans ses huit premières années dont il parle, son influence toujours supérieure aux conseils d'une politique originairement faible et timide, et très peu sûre d'elle-même.

Ce qui est néanmoins plus étonnant encore que l'accusation, c'est l'explication qu'il en donne. Ce ne seront pas seulement les dispositions malveillantes du gouvernement de juillet pour les intérêts de la religion dans la colonie, ce sera aussi le travers d'esprits faux et vaniteux qui croient montrer de la grandeur en contredisant, sans les avoir examinés sérieusement, les enseignements qu'ils ont reçus de leurs pères et qu'il faut donner à leurs enfants. »

Il faut qu'une pareille explication se soit jugée bien insuffisante en présence de la malheureuse accusation jetée à la France, puisqu'elle a comme peur d'elle-même, et que pour se déguiser sa propre faiblesse elle atténue la gravité du reproche, autant qu'elle peut. Croirait-on qu'il fut possible, après avoir dit que la négligence des intérêts religieux en Algérie était devenue quelquefois systématique, d'ajouter : « Toutefois dans cette conduite que nous réprouvons ; il ne faut pas , le plus souvent au moins, voir une impiété ; l'intention ne va pas jusque là. » Et après cela, accuser encore ailleurs la *singulière logique* de la France? Évidemment l'hésitation était au bout de la plume et probablement dans la pensée de l'auteur de l'article. Trop de crainte mêlée à trop d'espérance empêche de voir juste et vrai. L'article a exprimé trop de crainte pour les intérêts religieux de l'Algérie ; il s'est fait peut-être trop grande illusion sur l'idéal de ce pays, quelque glorieux et prospère que doive être son avenir ; il a surtout trop peu connu et trop mal jugé la France.

Mais le Français a souvent un défaut qui tient à son caractère ; quoique ce défaut ne soit heureusement que le revers de ses bonnes qualités : il accuse trop facilement son pays. L'aigreur, l'amour propre, l'esprit de parti pris ou la précipitation entrent trop souvent dans ses avertissements ou dans ses réflexions, et lors même qu'il croit, à tort ou à raison, au droit de faire la leçon, il n'a pas toujours la modération des convenances ou les convenances de la modération. Aussi regrettons-nous vivement que M. Marty que nous n'accusons certes ni d'aigreur, ni d'amour propre, mais de précipitation en son écrit, ne rende pas à la France la justice qui lui est due : il ne se serait pas égaré dans une série, au moins inutile, de plaintes mal fondées ou de contradictions malheureuses.

Il est pénible de voir un écrivain qui a l'intention de faire un article sérieux, jeter un blâme amer sur un état de choses qu'il croit d'ailleurs très difficile pour ne pas dire impossible d'éviter. Qu'il reproche à son pays, par exemple, ainsi que nous venons de le voir, l'abandon où il laisse en Algérie les intérêts religieux, et qu'il nous dise en même temps que l'Algérie était un véritable embarras pour la France, vu l'imminence d'une guerre sur le continent qui fit réduire l'armée d'occupation à 9,300 hommes ; cela ne veut-il point dire que le catholicisme était en souffrance en Algérie quand tout y était nécessairement et par la force des choses, dans l'incertitude ; n'est ce pas condamner l'effet quand il est impossible d'empêcher la cause ? Disons même que ç'eût été une imprudence impardonnable d'exposer, en ces moments de si mince occupation, un nombreux clergé qui n'aurait pu être suffisamment protégé, ou de penser à établir en Afrique une Église régulière dont la nature des circonstances empêchait de garantir l'existence.

Et pourquoi M. Marty, si accessible aux motifs de prudence humaine lorsqu'il s'agit de blâmer la conduite de Mᵍʳ Dupuch, se montrerait-il donc si facile à les négliger ici, et à réclamer impérieusement en faveur d'un état de choses que la prudence chrétienne aussi bien que la prudence humaine, conseillaient d'ajourner.

Nous venons de reconnaître avec l'auteur de l'article, que l'embarras était bien grand ; et c'est à cause de ce même embarras et de toutes les autres circonstances inévitables que, non seulement nous sommes porté à atténuer, avec lui, mais encore à justifier la prétendue indifférence de la France. S'il s'en était tenu à cette proposition fort judicieuse, mais échappée en quelque sorte à sa plume : *La Révolution de juillet rendit cela à peu près impossible* ; ou à celle-ci : *La Révolution de juillet funeste à notre colonie sous beaucoup de rapports, le fut en particulier sous le rapport religieux*, il aurait été moins exigeant et moins sévère à l'égard de la France.

Comme un enfant se joue avec une pièce d'or, tandis qu'il serre fortement dans sa main une grosse pièce de monnaie commune, ainsi l'article joue, en passant, sur un mot, sur une pensée, qui aurait dû, seule, préoccuper l'écrivain. En effet, la révolution de juillet s'étant faite sans la France, et s'étant identifiée avec le gouvernement de juillet, la France n'était pas responsable des fautes de ce gouvernement ; et ce gouvernement le comprenait si bien, qu'il ne laissa jamais passer une occasion, sans chercher, mais en vain, à séparer sa cause decelle de la révolution de juillet.

De là l'impossibibilité, où se sont trouvés quelquefois les hommes les mieux intentionnés, de faire à leur pays le bien qu'ils auraient voulu ; de là cette hostilité souvent systématique. — Le mot trouve ici sa place. — que quelques uns opposèrent, en plusieurs circonstances, aux intérêts de leur pays. Mais remarquons le bien, ce n'est pas l'Algérie seule qui a souffert de tout ceci, c'est la métropole avec toutes ses colonies, c'est le pays tout entier. C'est donc une autre injustice de faire de cet état de choses un état tout particulier de malveillance pour l'Algérie. C'est n'être pas entré dans l'histoire de cette colonie et en avoir méconnu le principal caractère, c'est n'avoir pas distingué suffisamment pour la justifier, comme elle le méritait, la cause de la France.

Nous pourrions en dire autant du *travers d'esprits faux et vaniteux* qui ont concouru à propager l'indifférence religieuse en

Algérie. Ce n'est pas seulement à Alger qu'il y avait de ces sortes d'esprits entre 1830 et 1840. Il y en avait aussi à Paris et dans toute la France, et le pays ne les avait pas relégués exprès en Afrique, pour y humilier notre religion.

Aussi, malgré toutes les tergiversations du gouvernement de Louis-Philippe, la France a toujours été utile, autant qu'elle l'a pu, aux intérêts religieux de l'Algérie : et il faut juger de ce qu'elle aurait fait dans les huit premières années, si les temps l'avaient permis, par ce qui s'est fait depuis et par ce qui se fait aujourd'hui particulièrement. En effet, depuis que la base essentielle et normale d'une Église y a été fondée par l'érection d'un évêché, les titres eccclésiastiques s'y sont multipliés considérablement. Tout n'y a pas été complet du premier coup. Mais le gouvernement Impérial ayant pris à cœur les intérets matériels et religieux de la colonie, tout s'y perfectionne chaque jour. Rien n'est refusé à cette Église renaissante ; rien n'est ajourné que ce qui ne peut trouver présentement une solution ; et l'on voit le zèle actif et persévérant du clergé puissamment secondé, souvent prévenu, par le concours empressé de l'Etat, et par la haute bienveillance du Souverain que la nation s'est donné dans la dignité du calme et de la réflexion.

Nous voudrions pouvoir dire, à ce sujet, en citant des faits, des chiffres et les nombreux arrêtés des ministres de l'Empereur, tout ce que la France plus libre dans son influence, et plus spontanée dans le bon usage de ses ressources, accorde de protection et de confiance au culte catholique en Algérie. Mais nous ne sommes point historien en ces quelques lignes. Nous voulons faire voir seulement ce que la France aurait fait plus tôt, si les circonstances avaient permis au pays de se constituer dans l'état normal, où la force de Dieu et la volonté de la nation l'ont placée depuis.

III

Un mot maintenant sur la coopération de l'armée aux intérêts religieux de la colonie, car il serait bien injuste aussi de méconnaître l'immense bienfait dont l'Algérie chrétienne lui est redevable. N'est-ce pas elle qui a porté avec un noble héroïsme la croix, dans les plis du drapeau vainqueur, parmi les nombreuses tribus de cette vaste contrée? n'est-ce pas elle qui a fécondé du sang de la France, non-seulement le sillon péniblement creusé par le colon, mais encore ce vaste champ où le Christianisme était destiné à retrouver place, vie et honneur? Le sang français a toujours eu le double honneur, le double avantage de féconder en même temps le sol nécessaire à la vie terrestre et la foi indispensable à la vie des âmes. N'est-ce pas l'armée qui, tout en formant sur ces plages nouvelles, ses soldats et ses généraux, dont grand nombre sont devenus de vaillants capitaines et d'illustres héros, formait à la vie apostolique, en les protégeant et en les guidant dans des pays inconnus, ces apôtres, dont quelques uns moissonnés de bonne heure par la mort, ont laissé de glorieux souvenirs, tandisque les autres fécondent encore l'Algérie par leurs œuvres et par leurs vertus? N'est-ce pas l'armée qui a encouragé, par son exemple, la colonie naissante, en traînant elle-même la charrue, à l'ombre d'un pauvre presbytère ou d'une croix, sur une terre si longtemps oubliée des hommes, en y mêlant sa sueur à son sang, en y contractant, sublime tentative du génie, et de l'amour de l'humanité! des unions civiles et chrétiennes qui ont donné à l'Afrique française des villages modèles? N'est-ce pas l'armée, pour tout résumer en un mot, et l'armée d'Afrique, qui a préparé par les plus rudes travaux et par les plus glorieux combats, cet illustre guerrier que l'Empereur dans sa haute sagesse et par un discernement aussi pacifique que prévoyant, a préposé tout à la fois au succès de la colonie, à l'influence si justement acquise du pouvoir militaire, et au bien être matériel de la religion ? Aussi M. le Maréchal Pélissier, duc de Malakof, guerrier chrétien aussi bien que guerrier colon, est-il par sa position et par son caractère personnel, comme le centre où convergent aujourd'hui tous les souvenirs du vieil honneur chrétien de notre valeureuse armée d'Afrique. En ce moment, il représente tout le passé de cette armée, et si tous les corps de l'armée actuelle de l'Algérie admirent son panache comme celui de la gloire et de l'honneur, le colon lui sait gré en même temps d'avoir proposé pour la Direction civile générale de l'Algérie, l'homme si intelligent et éminemment pratique qui, mieux que tout autre, pouvait et savait comprendre et administrer les intérêts de la colonie ; nous voulons dire, chacun le nomme, l'administrateur habile, M. Mercier-Lacombe, que deux riches départements de la France envient à l'Afrique, et que l'Afrique, a reconquis après plusieurs années d'absence à son bien être et à sa prospérité. C'est-à-dire que par la conquête de 1830 et depuis cette conquête, l'armée a été sans cesse l'élément actif par excellence du développement social en Algérie, élément si activement secondé aujourd'hui par l'intelligence administrative civile. Le colon lui doit sa sécurité passée et présente ainsi que ses espérances, la religion lui est reconnaissante de son incessante coopération.

Mais M. Marty a oublié ces divers bienfaits de l'armée dans son tableau de la nouvelle église d'Afrique. Il n'en a parlé que pour nous dire que la première grand'messe célébrée à Constantine a été chantée en musique par les soins et sur la demande d'un soldat, et que l'on doit à quelques officiers, qui n'y avaient guères pensé avant de la proposer, la nomination d'un Préfet apostolique. Nous nous trompons, il en a parlé encore dans une autre circonstance, à l'occasion du premier échange de prisonniers conclu entre Abd-el-kader et l'armée française. Inutile de remarquer, en passant, la contradiction de l'auteur de l'article relativement à cet échange. Après en avoir parlé tout d'abord avec un ton par trop aisé qui lui fait dire : *«On ne peut pas raconter son épiscopat* (de Mgr Dupuch) *sans parler de ce fameux échange de prisonniers dont on a fait tant de bruit, trop de bruit peut-être.* » Il ajoute : « *Les arabes égorgaient tous les nôtres qui tombaient en leur pouvoir.* Il nous semble qu'on ne pouvait pas parler assez haut d'un fait qui a été la première victoire morale remportée sur les indigènes, et il paraît peu réfléchi de commencer à en parler avec légèreté lorsqu'on doit le nommer, trois pages plus loin, un *évènement très éclatant.* Cette contradiction jointe continuellement à un esprit d'incertitude, dont on a peine à entrevoir la raison, est malheureusement un des vices principaux de l'article du *Correspondant.* Mais revenons à ce qu'il nous dit encore de de l'armée. Nous en aurions peu le courage s'il ne fallait être vrai avant tout. Ici en effet l'article après nous avoir dit un peu plus haut que le prêtre était partout accueilli avec honneur et avec bonheur par l'armée et par la population civile européenne, — il aurait dû s'en tenir à cela — nous reporte, par un mystérieux effet d'optique, à un lointain un peu trop homérique. C'est une de ces réminiscences classiques qui procurent autant de charmes à l'esprit quand elles ont une application juste, qu'elles sont de mauvais goût quand elles manquent de vérité ou qu'elles sont seulement exagérées. A peine l'échange des prisonniers est-il conclu, que les généraux, (c'est-à-dire l'armée qui a oublié bien vite et dans une circonstance assez grave, ses habitudes de respect,) s'entendent pour ainsi dire dans un accord plein de vengeance, de colère et de subtilité pour savoir comment il faut interprèter, juger et condamner les exigences de l'Evêque en cet évènement trop éclatant pour lui. Ils trouvent alors que l'autorité ecclésiastique *s'en est fait, ou qu'on lui en a fait trop d'honneur; que son rôle avait été démesurément agrandi à leurs dépens.* L'armée ne se serait point attendue à un pareil compliment, et après tout le respect qu'elle a incessamment témoigné au clergé, après la protection et les ressources qu'elle lui prodiguait chaque jour et à chaque heure, elle n'aurait pas cru avoir l'honneur de faire revivre avec tant d'éclat et de charmes, pour la poésie de M. Marty, la fameuse querelle de Calchas et d'Agamemnon.

Pour nous, nous apprécions autrement, comme le font beaucoup d'autres, les sentiments de l'armée française. Nous les résumons dans une parole toute récente. Monseigneur l'Evêque d'Alger disait le 8 septembre dernier, jour anniversaire d'une grande victoire, à M. le Maréchal duc de Malakof, en lui parlant des sentiments chrétiens qu'il professa en cette journée : «Croyez-moi, M. le Maréchal, si la prise de Sébastopol vous a fait grand et immortel devant les hommes, cette profession de votre foi sera pour vous un titre de grandeur devant Dieu. Et j'ose dire qu'il en est ainsi de l'armée toute entière. Le soldat peut quelquefois vous oublier, Seigneur, parcequ'il est homme ; mais il n'est pas sophiste lui, il ne vous nie jamais, et il sait toujours reconnaître votre main dans les évènements qui intéressent le monde. »

IV

Si nous arrivons maintenant à un autre point important de nos réflexions, si nous cherchons à savoir ce que l'article nous dit du clergé d'Afrique, de son zèle, de son dévouement, de ses fatigues, nous demeurons sous la pénible impression que nous a causée le froid silence d'une trop froide raison. Sans doute nommer le vénérable vicaire général M. Suchet, c'est nommer l'auxilliaire fidèle, nécessaire, inséparable de l'épiscopat d'Afrique, c'est rappeler justement l'apôtre qui a vu toutes les phases de la nouvelle Église, qui en a partagé, qui en partage encore avec un héroïque dévouement, toutes les douleurs, tous les sacrifices; désigner à la vénération, à la reconnaissance du monde chrétien, M. Girard, vicaire général et supérieur du grand séminaire, c'est faire connaître cet esprit calme, patient, prudent, humble et éclairé, que les deux premiers évêques de l'Afrique française ont toujours regardé comme l'une des pierres angulaires de leur Église, comme le conseil et le point d'appui de leur sagesse et de leur force; nommer aussi M. le chanoine Banvoy, c'est rendre un digne hommage à cette activité incessante, conservée et rajeunie en quelque sorte sous les rides de l'âge, qui sait se rendre utile autant par la modestie que par le zèle.

Toutefois ces souvenirs si heureux et si consolants le seraient bien plus encore s'il se rattachaient au souvenir de dévouements plus obscurs mais non moins consciencieux. Les commencements de la nouvelle Église d'Afrique ont bien pu se mêler à quelques tristes déceptions, mais la grande majorité du clergé répandu à travers les immenses plages de l'Afrique, s'est toujours montrée à la hauteur de son apostolat. Ses sacrifices, pour être obscurs et cachés, n'ont pas moins coopéré très efficacement à l'œuvre de la religion. Les uns, moissonnés par la fièvre ou par les ardeurs du climat, ont laissé à une terre, péniblement rachetée, leurs cendres consumées dans le feu de la charité: les autres s'y sont éteints dans l'isolement et l'oubli, une main vers la mère patrie, l'autre vers le ciel, confiant le dernier soin de leurs dépouilles à quelques colons privés en eux de leurs meilleurs amis et de leurs pères; quelques uns forcés de quitter un sol qui dévore, ont péniblement regagné la France; plusieurs enfin, mieux exaucés de Dieu, poursuivent encore une carrière qui honore l'Eglise et leurs vertus. Nous ne parlons pas de tous ceux que la providence y a conduits depuis, et que nous avons pu voir et admirer, dignes héros de la foi, évangéliser notre colonie, et, exilés eux mêmes, y consoler l'exil des autres.

Si M. Marty avait entendu Monseigneur Pavy disant à ses jeunes prêtres, un jour d'ordination, les douleurs, les fatigues, les épreuves de tout genre et les mérites de leur apostolat obscur mais efficace, il aurait parlé de ces âmes héroïques qui ont aidé si activement à fonder la nouvelle Eglise d'Afrique. Mais en revanche, il s'étend assez sur l'histoire de Monseigneur Dupuch, pour remplir de tristesse l'âme de son lecteur, et pour chercher à altérer à ses yeux, sans s'en douter probablement, cette noble physionomie, par le voile messéant qu'il jette sur ses traits, toujours souriants quand même.

Que la plume qui a écrit l'article eût été plus heureuse, si au lieu de faire au blâme une si large part, elle s'était attachée à développer un peu plus cet aveu si vrai et auquel il faut rendre complète justice: «le gouvernement choisit donc pour premier évêque d'Alger, un prêtre vraiment populaire, dont tout le monde faisait l'éloge, que tous ceux qui le connaisaient aimaient cordialement, mais populaire surtout parmi les petits et les pauvres. »

L'article oublie malheureusement trop souvent ce beau et trop rapide éloge. En effet dix pages sur quarante y sont consacrées à l'histoire de la faillite de Monseigneur Dupuch. Mais cette histoire, tout le monde la savait; était-il nécessaire d'en renouveler les détails et d'en faire ressortir sous les couleurs d'un pinceau trop osé tous les traits saillants? Que ce malheureux évènement ait eu pour cause la trop grande confiance du vénérable prélat, son peu d'aptitude aux affaires temporelles ou les malheureuses nécessités des temps, il suffisait de le rappeler pour être vrai et juste, et encore fallait-il le faire avec cette convenance et ce respect, qui abritent et protégent les grandes infortunes comme les grandes vertus.

Néanmoins l'article ne se contente pas d'oublier les bornes de la bienséance en un sujet aussi délicat ; il a pris à tâche d'y préparer de loin le lecteur par des phrases et des appréciations éparses ça et là, qui lui paraissent de nature sans doute à justifier le terrible coup qu'il prépare. C'est en traçant le portrait le plus incroyable, le plus exagéré, de Monseigneur Dupuch. D'après M. Marty, Monseigneur Dupuch « était une imagination poétique qui grandissait volontiers le bien et prenait *tes rêves de son cœur excellent* pour la réalité » ne sachant jamais ce que c'est que la modération et la mesure, et pour preuve, M. Marty en donne une des phrases les plus calmes, une des propositions les plus nettes et les plus mesurées qui soient sorties de la plume du premier évêque d'Alger, phrase et proposition où le prélat énumère avec une remarquable précision, tout le bien obtenu sous son épiscopat. Mais cette nouvelle contradiction était devenue nécessaire. Quand on dit : «Monseigneur Dupuch était dans ses écrits comme dans ses actes, un homme de premier mouvement ; la réflexion qui pèse longtemps le pour et le contre, et le travail qui corrige n'entraient guère dans sa nature » ; on ne doit rien trouver de bon dans les écrits ou dans les actes du pauvre cerveau dont on trace si démesurément le caractère.

Mais Monseigneur Dupuch ne sera pas seulement une imagination exaltée, désordonnée, vagabonde ; ce sera peut-être encore un touriste hazardeux, un curieux artiste, un antiquaire entreprenant. Et cela, parcequ'il a *interrogé les ruines des Églises qui par milliers avaient péri sur cette terre* d'Afrique : parcequ'il a exhumé tous les monuments qu'il a rencontrés, et *plus que des monuments, les ossements des pontifes et des martyrs.*

Evidemment tout cela n'était pas digne d'un évêque! Il faudrait citer la moitié de l'article, pour y suivre pas à pas l'esprit d'obstination, qui exhume à son tour les cendres ou les ossements du nouveau martyr, pour les jeter sans pitié au souffle du mépris des générations. L'auteur de l'article voudrait-il, en oubliant ce qu'il doit aux morts, faire la leçon aux vivants? Nous n'osons le croire, car il a pris soin de nous dire, lui-même, que *le blâme ne fait qu'irriter et que personne ne croit à l'éloge.*

Puisque Monseigneur Dupuch était une imagination démesurée qui prenait les rêves de son excellent cœur pour la réalité, qu'aura-t-il donc fait de solide pour la nouvelle Église d'Afrique? Evidemment rien ou très peu de chose; ou tout au plus il aura donné *l'élan et imprimé le premier mouvement.*

En présence de pareilles expressions qui sont un blâme sous la forme de l'éloge, nous voudrions citer les deux ou trois pages où M. Marty énumère toutes les œuvres fondées sous l'épiscopat de Monseigneur Dupuch; nous y verrions que presque toutes les œuvres actuelles de l'Algérie chrétienne datent de cette époque, et chacun sait ce que demandent de haute intelligence les fondations, celles surtout qui forment la base d'une Eglise. C'est en effet Monseigneur Dupuch qui a *entamé*, pour employer une expression énergique de Monseigneur Pavy, le premier, les défrichements du sol chrétien en Afrique. « Et si quelque chose dût étonner ceux qui l'avaient suivi dans cette brûlante carrière, dit le Mémoire présenté au gouvernement en 1852, ce furent moins les charges qui pesaient sur son administration financière, que les établissements de tout genre, les fondations utiles et nombreuses, et les œuvres pleines d'avenir qu'il laissait après lui. Toutes ces œuvres sont des preuves toujours vivantes, continue le Mémoire, du désintéressement le plus pur, et *d'une admirable intelligece de sa mission.* Comme tout homme d'avenir qui entreprend une œuvre immense, il en a jeté les bases avec tant de hardiesse et de vigueur qu'il n'en fallut point d'autres pour élever l'édifice de c⁀ magnifique diocèse dont on admire aujourd'hui l'étendue, les ressources et l'organisation. »

A Dieu ne plaise, que nous pensions atténuer le mérite éminent de ceux qui entretiennent ou développent ces œuvres et ces fondations. Nous avons vu d'assez près, et chacun sait, ce que ce nouveau travail requiert de zèle, de labeur et d'activité intellectuelle, et comment cette tâche difficile est noblement remplie. Mais est ce là une raison de ne voir dans le premier fondateur qu'un homme à élan et à premier mouvement ?

Nous nous contenterons de demander à M. Marty, qui étudie chaque jour l'histoire et la constitution de l'Eglise, si les œuvres dont nous parlons peuvent se fonder sans la participation directe de l'Evêque, en dehors d'une administration régulière, autonome, et sans la coopération intelligente, prévoyante, discrète et mesurée d'un esprit tout à la fois sûr et fécond ? Répondre négativement, ce serait ignorer le principe qui, seul, peut et doit présider à toute institution humaine, ce serait méconnaître les premiers éléments de la discipline ecclésiastique, en ce qui concerne l'organisation d'un diocèse. Il nous paraîtrait donc plus juste de dire que Monseigneur Dupuch a dû céder, en maintes circonstances, aux nécessités des temps, et que s'il a fait des fautes inséparables de l'imprévoyance humaine, il n'en a pas moins été un esprit élevé, un cœur vraiment excellent, comme le dit l'article, et l'Evêque qu'il fallait à la nouvelle Eglise d'Afrique. Ainsi nous plaindrons davantage le prélat, nous justifierons mieux l'homme, et, fils respectueux, nous le mettrons à la place d'honneur qui lui est due, sans préjudice pour l'honneur et la reconnaissance que nous vouons à l'avance à nos autres pères, ses successeurs.

« Mais, continue le troisième paragraphe de l'article, *Mais* voilà que tout à coup nous allons nous heurter, pour ainsi dire, à un revers. » Nous avons déja nommé ce revers, nous voulons dire la fameuse catastrophe pécuniaire de Monseigneur Dupuch. Nous n'en dirons plus rien, et l'auteur de l'article aurait bien fait de ne pas venir s'y heurter lui même avec tant de fracas. L'opinion que l'on a de son bon jugement et de son excellent cœur n'y aurait rien perdu.

V

Et puis, quoi d'étonnant que l'article ait oublié le concours que la France a prêté à la religion en Algérie, qu'il ait méconnu la participation de l'armée dans cette œuvre éminemment sociale et française, et qu'il n'ait rien dit du clergé en général, se bornant à blâmer beaucoup Monseigneur Dupuch, et à citer quelques noms très-recommandables sans doute, mais aux quels se relient d'autres souvenirs inséparables des fastes de la nouvelle Eglise d'Afrique, puisqu'il manque si facilement de respect au souverain pontife qui a donné la bulle d'érection du nouvel Évêché d'Alger? « Dans cette bulle, dit-il, qui restera toujours le premier et le plus important monument historique de la nouvelle Église d'Afrique, il y a une *erreur que nous devons relever.* *Julia Cœsarea* et Alger sont deux villes toutes différentes, placées à quinze lieues marines l'une de l'autre, ayant chacune une histoire à part. » Ah! de grâces! que notre historien eut été mieux inspiré, si, au lieu de trancher une question de géographie catholique, avec un ton qui ferait croire à l'habitude de critiquer, si l'on ne connaissait son bon esprit, il avait laissé passer le *Julia Cœsarea* de la bulle. Il n'aurait pas accusé la cour de Rome d'ignorance géographique, il n'aurait pas fait supposer qu'elle manque d'archives administratives, et qu'elle nomme inconsidérément les évêques, sans connaissance du territoire qui leur est affecté ; et en même temps, il n'aurait pas porté ses lecteurs à croire qu'il a pu prendre lui même sa note au hasard, sans consulter sérieusement, consciencieusement, les différentes opinions des géographes sur les noms des anciennes villes. Il aurait vu, au contraire, que les auteurs même les plus modernes, malgré les recherches qu'ils ont pu faire, n'ont pas osé décider si hardiment cette question. M. Bouillet, entre autres, un des plus modernes, et dont les recherches sont des plus utiles à la science et à l'histoire, tout en donnant le nom de *Julia Cœsarea* à Cherchell, nom qui est d'ailleurs contesté par plusieurs qui désignent ainsi la petite ville de Tenez, ne veut pas décider où se trouvait l'ancienne *Icosium*, puisqu'il ose dire à peine : Alger *parait* être située sur l'emplacement de l'*Icosium* des anciens, entre *Julia Cœsarea* et *Rusucurium*. On comprend cette incertitude quand on sait qu'Alger n'a été connue, sous ce nom, que fort tard, et qu'elle n'eut un certain éclat parmi les Arabes dont les excursions maritimes la firent connaître, qu'au commencement du dixième siècle.

Aussi, rien de plus discuté que le nom ancien de l'Alger moderne, ainsi que son emplacement ; rien de plus imprudent, par conséquent, qu'une décision absolue à cet égard. Il est en effet tout aussi difficile de fixer le nom et le lieu d'Alger que celui de *Cœsarea*, que plusieurs confondent avec Tenez et Cherchell. De là l'embarras où ont toujours été les historiens d'appeler Alger *Icosium*, nom que plusieurs prétendent donner à un petit bourg de la Mauritanie Césarienne, prenant Alger pour le *Ruscurium* ou *Rusuccurum* d'Antonin, de Pline, et de Victor de Vite, que Ptolomée nomme *Rhusuccora*.

On s'expliquera mieux encore cette difficulté et cette hésitation, si l'on se rappelle que par la dénomination *Alger*, on entend tout à la fois cette régence d'Afrique, qui comprenait l'ancienne Numidie et la Mauritanie Césarienne, et la ville elle même, capitale de la régence; à ce point que quelques uns vont jusqu'à dire qu'Alger est l'ancienne *Cæsarea* elle même, nom que les princes Africains ajoutaient au nom plus anciens des villes de la Mauritanie Césarienne, pour honorer César, et qui a été aussi ajouté probablement au nom de l'ancienne Alger, en supposant que ce fut une tout autre ville.

Pourquoi s'étonner alors que la bulle du nouvel Evêché d'Alger désigne cette ville sous le nom de *Julia Cæsarea*, puisque, d'un côté, elle entend parler d'une ville qui a dû, ou au moins qui a pu le recevoir comme addition à son premier nom, à titre d'honneur et de reconnaissance, tandis que d'un autre côté, le nom *Alger* désignant toute la province ou ancienne Régence, comprend toutes les villes que contient la province, et désigne plus particulièrement les plus voisines et celles qui ont eu un renom plus célèbre. Qui ne sait que tout européen parlant autrefois et même tout récemment, avant la conquête de 1830, de la Régence d'Alger, disait : Je vais en Alger; un tel a été fait prisonnier en Alger etc. On parlait ainsi de la régence ou province, comme on aurait dit : Je vais faire un voyage en Arles, désignant par ce nom, non point seulement la ville d'Arles, mais toute la province dont cette ville du midi de la France était la capitale. C'était même l'habitude chez les romains de désigner une province par le nom d'une ville. A ces divers point de vue bien rationnels, le nom de *Julia Cæsarea* peut bien être pris pour celui de la ville aujourd'hui principale de l'Algérie, avec soustraction du nom ancien, pour mieux désigner toute la province, dût ce nom lui avoir été adjoint beaucoup plus tard, pour en perpétuer, à défaut d'autres villes importantes dans les environs, le souvenir, dans la principale ville de la Régence, la quelle est devenue par la prise de possession du 3 juillet 1830 la capitale de l'Afrique française.

Nous concluons de ces explications, que si une autre bulle, plus ancienne de quelques années seulement et qu'il est bon de rappeler ici, celle de Monseigneur de Mazenod, Évêque *in partibus*, avant qu'il fut Evêque de Marseille, a pu conférer à ce prélat le titre d'Evêque d'*Icosium* (Alger, si l'on veut,) de même la bulle de Monseigneur Dupuch a pu, sans commettre l'erreur que lui reproche M. Marty, conférer au nouvel Évêque titulaire de l'Afrique française, le titre d'Évêque de *Julia Cœsarea* (encore Alger, ou au moins la seule ville nous rappelant convenablement toutes les anciennes *Cœsarea* de la Mauritanie Césarienne.)

Après tout, ne resterait-il que le plus petit doute sur les anciennes *Julia Cœsarea* et *Icosium*, c'en serait assez pour ne point condamner, dans une bulle, une expression aussi essentielle que celle qui exprime un nom de ville désignée comme siège épiscopal.

VI

Mais M. Marty commet encore plusieurs autres fautes assez graves dans son article. Nous n'en relèverons plus que deux ou trois. l'Université, nous en sommes sûr, lui pardonnera la première, quoique ce soit contre elle une accusation aussi grave que peu fondée. D'après l'article, l'Université aurait été un obstacle à l'action sociale et religieuse en Afrique. Voici ce qu'on y lit : « Il faut se souvenir que l'Université y était établie dès 1843, et « qu'en ces temps, elle ne se contentait pas de vouloir servir de « modèle, mais qu'elle faisait tous ses efforts pour rester seule. » Et par quels actes l'Université inquiéta-t-elle les sœurs de l'Apparition de St-Joseph, qui, a cette époque, avaient des écoles gratuites en Algérie, ou les frères de St-Joseph du Mans qui y avaient des écoles communales? On sait aussi qu'il s'établit dans la colonie, avant et après 1843, des écoles laïques libres, et que la fondation du petit séminaire, loin d'être contrariée par l'Université, y reçut des preuves incontestables d'encouragement et de protection. En effet, Monseigneur Dupuch tenta lui même la fondation de cet établissement, qui a été transféré depuis, par Monseigneur Pavy, à St-Eugène, où il est en plein exercice, tandis que l'Université jetait, non moins modestement, les fondements d'un collége, devenu depuis un lycée prospère.

La liberté d'enseignement était donc reconnue de fait dans l'Algérie, lorsqu'elle n'existait pas encore en principe dans la Métropole, et l'Université de ce temps, pas plus que celle d'aujourd'hui, ne faisait pas tous ses efforts pour y rester seule.

On pardonnera cependant volontiers cette pointe, d'ailleurs bien inoffensive de M. Marty, dès qu'on se sera aperçu que son article paraît faire profession de tout attaquer. Nous le verrons même jeter, en passant, un tout petit air de dédain sur la croix de la légion d'honneur, et nous dire en parlant de la décoration : « En ce temps là, où la croix d'honneur était très rare « dans le clergé, c'était une véritable distinction. » Avis donc aux membres du clergé qui sont décorés, depuis ce temps là; ils feraient bien, d'après M. Marty, pour être distingués, de cacher ce signe de distinction ; avis aussi au gouvernement, il devrait ménager un peu plus ce signe de l'honneur, et si l'honorable auteur de l'article du Correspondant s'avisait jamais de le mériter, on ferait bien d'y regarder à deux fois avant d'en orner sa modeste poitrine, car on pourrait s'exposer à un refus de sa part.

Une troisième faute ressort du fond même de l'article. Est-ce défaut de vue générale, est-ce simple inadvertence? Dans les deux suppositions, c'est toujours une omission importante pour ne pas dire essentielle.

Nous avons nommé les trois éléments que nous avons cru voir présider à la renaissance et au développement de la religion chrétienne dans l'Afrique française : le concours de la France, le dévouement de l'armée, le zèle du clergé. Il en est un quatrième qui est comme le terrain sur le quel croît, se développe et prospère l'action religieuse : c'est l'ensemble des masses, ce sont les diverses populations, parmi les quelles la religion doit exercer son influence et faire fructifier ses enseignements. Ce quatrième élément, nécessaire aux trois autres, comme le champ est nécessaire au laboureur, l'article l'a également omis. Et cependant c'est là l'élément populaire, palpable, perpétuel; on ne peut écrire l'histoire de la religion d'un pays, on ne peut en tracer un simple aperçu, sans parler des populations qui l'habitent. M. Marty nous parlera beaucoup de musulmans à propos de christianisme, mais il ne dira rien ou presque rien de ce mélange permanent de Français, d'Espagnols, d'Allemands, d'Italiens, de Maltais, etc ; qui forment la population chrétienne en Algérie ; il ne voit pas que c'est là le champ de la religion catholique dans cette contrée.

Peut-être a-t-il vu en cela même un osbtacle, qu'il n'a pas osé *heurter* de front. Nous y trouvons au contraire un moyen ; nous avons dit plus encore, puisque ce moyen nous l'avons déjà appelé un élément. A première vue et sans réflexion, l'obstacle parait réel, le mélange des populations étant ordinairement emmené par des vues matérielles d'intérêts commerciaux, et entrainant presque toujours, à sa suite, des abus et des délits d'une énormité incontestable. Aussi, sommes-nous loin de nier que chaque population européenne de l'Algérie, y étant venue avec ses préjugés particuliers, avec ses habitudes, avec ses vices, si l'on veut, le véritable esprit de la religion chrétienne ait dû rencontrer dans leur mélange un contre-coup, qui a pu suspendre ou modifier momentanément son action. Nous irons même jusqu'à dire, nous plaçant sur une autre terrain que celui où M. Marty a regardé la protection accordée au Coran, la prétendue résistance de la France, le défaut de jugement et l'absence de sang froid en

Monseigneur Dupuch, comme les entraves que la religion chrétienne a rencontrées en Afrique, qu'il faut placer ces entraves dans le mélange des diverses populations européennes. Dans les commencements, sans doute, il ne pouvait en être autrement; un mélange aussi hétérogène que celui dont nous parlons, et qui était une sorte d'agglomération produite par le surplus des diverses populations du continent européen, devait former une nouvelle population peu façonnée d'abord aux habitudes morales et religieuses. Mais, que quelques années seulement aient passé à travers cette génération rajeunie, renouvelée en partie, et unie par des intérêts communs; et déjà l'instinct religieux aura repris sur elle tout son empire. La variété des nations et la différence des habitudes seront devenues un moyen de moralisation, fourni par la providence à la vigilance et aux efforts de la religion; chaque partie de ce nouveau tout, excellent quant au fond, aura prêté son concours et son exemple aux autres parties. L'on verra alors, pour la religion, pour le christianisme, ce que l'on a vu pour la propriété et pour l'agriculture; et de même que ces deux moyens essentiels de prospérité matérielle sont devenus plus actifs, à mesure que les diverses populations européennes de l'Algérie se sont plus aidées et mieux comprises, de même l'esprit chrétien s'est fortifié et développé, quand ces mêmes populations, plus laborieuses et plus aisées, ont senti le besoin de leur antique foi et de la pratique de leur religion.

Qu'on parcoure tous les villages de la colonie, et l'on reviendra de ce préjugé, trop répandu en France, qu'il n'y a point de religion en Afrique. Quand on aura vu ce qu'il faut de chemin à faire et d'embarras de déplacement à supporter, pour aller dans la plupart des centres où l'on trouve une église, on sera tenté d'élever, au-dessus de la moyenne de France, le nombre de ceux qui pratiquent les devoirs de leur culte. Quant aux grands centres, tels que Alger, Constantine, Oran, Blidahh, Philippeville, etc. les églises y sont tout aussi bien fréquentées que dans les plus grandes villes de France. De sorte que l'élément chrétien populaire de notre colonie d'Afrique se trouve dans un état d'activité et de développement, qui se présente aux regards de l'observateur sous le jour le plus favorable d'espérance et d'avenir. Mais nous ne cesserons de le remarquer : il en est ainsi parceque cet élément populaire, tout difforme, incohérent ou vicieux qu'il pût paraître dans les principes, avait en lui un germe vivace de progrès religieux, qui n'attendait que l'aisance du bien-être matériel, dans une certaine mesure de temps, pour se montrer dans toute sa force, sous l'action évangélique et épiscopale ; grâces aussi aux secours, aujourd'hui si généreusement distribués par le gouvernement de l'Empereur, comme nous l'avons déjà fait observer.

Nous oserons donc le dire encore, ce point de vue, cet élément populaire et les trois précédents, ont manqué au travail de M. Marty, et cette abscence à dû le rendre nécessairement incomplet et inexact.

Si ce travail doit se continuer, nous comptons assez sur la bonne volonté et sur le talent de l'auteur, pour être assuré qu'on y trouvera tout à fois la hauteur de vue qui lui convient, les détails qui contribuent si bien à l'intérêt du fond, et enfin cette critique sûre et impartiale, qui honore toujours à un haut degré un écrivain intelligent et éclairé.

Nous avons en ce moment, sous les yeux, *les Œuvres de Monseigneur Pavy.* — Nous voulons dire les deux volumes qui portent ce titre, et qui sont plus spécialement consacrés à la reproduction des écrits officiels de l'éminent prélat. — Ce sont deux volumes, forts d'intelligence et de haut jugement, où la plume exercée du second Évêque d'Alger trace, à traits rapides, dans une longue série de mandements, de lettres pastorales et de discours, l'histoire de son épiscopat. Ces *Œuvres* seront donc pour M. Marty, s'il les consulte, une mine féconde, où il trouvera, tout à la fois le fond des matériaux nécessaires à la suite de son travail, et l'inspiration de sa pensée. Partout il y rencontrera ce triple élément dont nous avons d'abord parlé : le concours de la France, la coopération de l'armée, le zèle du clergé, présenté sous mille formes diverses. Il y verra, à chaque page, l'élément populaire, sans lequel les autres ne sauraient faire un pas dans l'œuvre de leur développement. Il y verra même, en Monseigneur Pavy, l'héritier des traditions sentimentales et généreuses, qu'il condamne en Monseigneur Dupuch, tantôt modérées par une haute raison et par le souvenir des enseignements qu'elles ont laissés, tantôt utilisées jusqu'aux limites du possible; tant un pieux enthousiasme est quelquefois nécessaire, ou au moins accepté comme tel par les plus solides esprits eux-mêmes dans certaines conditions de la vie humaine. Il suffirait, après tout, de jeter un regard sur les majestueuses murailles de *Notre-Dame d'Afrique*, montrant déjà leurs corniches ciselées et arrondies, pour se convaincre, une fois de plus, que l'amour du beau et du bien doit toujours compter un peu sur les faveurs imprévues et les secrètes attentions de la providence.